CANTIQUES DE MONTMARTRE

LE

SACRÉ-CŒUR

DE-JÉSUS

32 Mélodies, Solos, Duos et Chœurs

DISPOSÉS POUR LES EXERCICES DU MOIS DE JUIN

Par L. BOULET

OUVRAGE APPROUVÉ

Par Mgr l'Archevêque de Reims, NN. SS. les Évêques de Séez,
de Fréjus, de Coutances, de Versailles, d'Agen,
de Montpellier, Mgr Gaume, etc.

PRIX NET : **0 fr. 30 c.**

PARIS

JULES VIC, libraire-éditeur, 11, rue Cassette.
—
Aussi au Pèlerinage de Montmartre, chez Mme SOUDINOS,
33, rue de la Fontenelle.

OUVRAGES DU MÊME AUTEUR
(L. BOULET)

Le Sacré-Cœur de Jésus, Cantiques avec légendes, 32 mélodies, solos, duos et chœurs avec accompagnement d'orgue ou de piano, — ouvrage approuvé par Sa Grandeur Mgr l'archevêque de Reims, NN. SS. les évêques de Séez, de Fréjus, de Coutances, de Versailles, d'Agen, de Montpellier, Mgr Gaume, etc., prix net................... 12 fr. »

Les mêmes Cantiques (paroles seules), prix........ 0 fr. 30

Nouveau Mois de Marie en l'honneur de Notre-Dame du Perpétuel-Secours, 40 Cantiques, solos et chœurs avec accompagnement d'orgue et de piano, — ouvrage approuvé par Mgr l'évêque de Séez et béni par Sa Sainteté le Pape Pie IX, — un volume in-8º, prix net....... .... 10 fr. »

Le même Ouvrage, paroles et mélodies, sans accompagnement, suivies de mélodies populaires...... 2 fr. 50

Les mêmes Cantiques, paroles seules.............. 0 fr. 30

Deux nouveaux Cantiques pour l'Église et la France, in-8º .... 1 fr. 25

Paroles et Mélodies, sans accompagnement........ 0 fr. 20

ALBUM DES PENSIONNATS ET DES FAMILLES
MÉLODIES FACILES, MORALES ET ATTRAYANTES, OFFERTES AUX JEUNES FILLES CHRÉTIENNES

(Chez KATTO, éditeur, 17, rue des Saints-Pères)

Ma Muse, mélodie (3e édition), prix net.......... 1 fr. 75

Le Papillon, bluette (3e édition)................. 1 fr. 25

Hymne à l'Espérance (2º édition)................. 1 fr. »

Au bord de la Mer (3º édition)................... 1 fr. »

Jeanne d'Arc (vient de paraître)................. 1 fr. »

Hymne à la France (vient de paraître).......... 1 fr. »

Aumône au Sacré-Cœur (se vend au profit de l'œuvre du Vœu national, chapelle de la Sainte-Vierge).. 1 fr. »

Barcarolle, solo et duo......................... » »

Vive la France, solo et duo .... » »

Cette Collection se continuera.

CANTIQUES DE MONTMARTRE

LE

SACRÉ-CŒUR

DE JÉSUS

32 Mélodies, Solos, Duos et Chœurs

DISPOSÉS POUR LES EXERCICES DU MOIS DE JUIN

Par L. BOULET

OUVRAGE APPROUVÉ

Par Mgr l'Archevêque de Reims, NN. SS. les Évêques de Séez,
de Fréjus, de Coutances, de Versailles, d'Agen,
de Montpellier, Mgr Gaume, etc.

PRIX NET : 0 fr. 30 c.

PARIS

Jules VIC, libraire-éditeur, 11, rue Cassette.

En vente aussi au Pèlerinage de Montmartre, chez Mme SOUDINOS,
33, rue de la Fontenelle.

APPROBATIONS

Approbation de Sa Grandeur Monseigneur l'Archevêque de Reims.

Lettre adressée à M. Louis Enault, homme de lettres, par M. le Vicaire-Général.

ARCHEVÊCHÉ   *Reims, le 21 juin 1879.*
DE REIMS.

MONSIEUR,

Sa Grandeur m'a chargé de lire le livre de Cantiques au Sacré-Cœur, composé par Mlle Laure Boulet, et dont vous avez eu la bonne pensée d'envoyer un exemplaire à Monseigneur.

Ces trente-deux mélodies sont écrites avec autant de goût que de facilité. La simplicité de la phrase musicale met le chant à la portée de toutes les voix, ce qui n'est pas le moindre mérite de l'auteur, dont la piété a su greffer un livre de spiritualité sur une œuvre d'art.

Je suis convaincu que ce livre fera du bien, et Sa Grandeur vous remercie de le lui avoir fait connaître.

Veuillez agréer, Monsieur, l'assurance de ma très respectueuse considération.

L. BUTOT,
Vicaire-général.

Approbation de Sa Grandeur Monseigneur l'Évêque de Séez.

Nous avons fait examiner le manuscrit ayant pour titre : *Le Sacré-Cœur de Jésus*, cantiques avec légendes, par Mlle Laure Boulet.

Sur le rapport favorable qui nous a été adressé, nous sommes heureux d'accorder notre approbation à l'ouvrage et notre bénédiction à son auteur, comme gage des faveurs spéciales du divin Cœur.

A Séez, le 16 avril 1878.

† CH.-FRÉD.,
Évêque de Séez.

Approbation de Sa Grandeur Monseigneur l'Évêque de Coutances.

ÉVÊCHÉ   18 *juillet* 1879.
de Coutances et d'Avranches.

MADEMOISELLE,

Propager la dévotion au Sacré-Cœur, c'est faire acte de vrai patriotisme. La France a si grand besoin de la compassion et du secours de Jésus!

Évêque d'un diocèse qui fut le berceau même de cette dévotion que vous avez entrepris de célébrer, je ne puis qu'applaudir aux courageux efforts de votre zèle. J'unis donc bien volontiers ma voix à celle de votre vénérable Évêque pour approuver votre œuvre, pour demander à Dieu de la bénir et de lui donner tout le succès qu'ambitionne votre piété.

Agréez, je vous prie, Mademoiselle, l'hommage de mon religieux dévouement en Notre-Seigneur.

† ABEL,
Évêque de Coutances et d'Avranches.

Approbation de Sa Grandeur Monseigneur l'Évêque de Fréjus.

ÉVÊCHÉ   *Fréjus, le* 17 *avril* 1879.
de Fréjus et Toulon.

MADEMOISELLE,

Vous avez eu la bonté de m'envoyer vos *Cantiques au Sacré-Cœur*, et vous me demandez de joindre mon approbation à celle de Monseigneur Rousselet, votre vénérable Évêque. Sans crainte de m'aventurer en m'associant à un tel patronage, j'ai voulu cependant me donner le plaisir de vous lire et d'étudier les harmonies de votre piété et de votre talent. En vous adressant aujourd'hui mes félicitations, je demande au Sacré-Cœur de vous bénir et d'accroître par vous son amour dans les âmes.

Recevez, Mademoiselle, l'hommage de mon respectueux dévouement en Notre-Seigneur.

† FERDINAND,
Évêque de Fréjus et Toulon.

Approbation de Sa Grandeur Monseigneur l'Évêque de Versailles.

ÉVÊCHÉ
DE VERSAILLES.

4 *octobre* 1879.

MADEMOISELLE,

D'après le rapport qui m'a été fait par un ecclésiastique capable de l'apprécier aux divers points de vue de la doctrine, de la pureté littéraire et de l'art musical, votre Recueil de Cantiques intitulé *Le Sacré-Cœur de Jésus* est vraiment une œuvre digne d'estime et je vous félicite de l'avoir composé. La piété et l'art ne peuvent que gagner à la diffusion d'un livre où la poésie, la musique et la foi s'unissent pour célébrer les louanges du Cœur divin de Notre-Seigneur Jésus-Christ.

Veuillez agréer, Mademoiselle, avec les remerciements pour l'hommage que vous m'avez fait, l'expression du vif intérêt que je garde à l'œuvre et à son auteur.

† PAUL,
Évêque de Versailles.

Approbation de Sa Grandeur Monseigneur l'Évêque d'Agen.

ÉVÊCHÉ
D'AGEN.

Le 1er *décembre* 1879.

MADEMOISELLE,

Je vous remercie de votre gracieux hommage, et je vous félicite d'avoir consacré votre noble talent à chanter les divines tendresses et les ineffables miséricordes du Cœur de Jésus.

Oui vraiment, comme vous le dites très bien, vous avez obéi à l'inspiration du Ciel, et cette inspiration vous l'avez traduite en des inspirations sublimes et en des mélodies que ne désavouerait pas un grand maître.

Une chose dont je me plais à vous louer en particulier, c'est d'avoir fait précéder chacun de vos Cantiques d'une légende que j'appellerai volontiers *évangélique*, et dont l'ensemble forme en quelque sorte la *théologie* du Cœur de Jésus, théologie que vous avez ensuite développée dans le double langage qui lui convenait, la poésie et l'harmonie.

Je vous prie d'agréer, Mademoiselle, l'hommage de mon religieux respect.

† JEAN-ÉMILE,
Évêque d'Agen.

Approbation de Sa Grandeur Monseigneur l'Évêque de Montpellier.

ÉVÊCHÉ
DE MONTPELLIER.

26 janvier 1880.

—

MADEMOISELLE,

Vous avez bien voulu m'envoyer le beau volume contenant les trente-deux mélodies que vous avez composées sur la dévotion au *Sacré-Cœur de Jésus.*

Laissez-moi d'abord vous remercier de ce précieux hommage, dont les incessantes occupations du ministère pastoral m'ont empêché trop longtemps de vous dire ma gratitude.

Certainement, Mademoiselle, vous avez été heureusement inspirée en consacrant à une œuvre si pieuse les talents que Dieu vous a donnés. Vos compositions musicales ont déjà reçu les suffrages des maîtres les plus autorisés dans un art où mon appréciation personnelle ne peut vous être d'un grand poids. Le texte de vos Cantiques respire le parfum d'une vraie piété, auquel se mêle parfois l'expression des sentiments du plus pur patriotisme.

Voilà pourquoi je ne puis douter, Mademoiselle, que votre gracieux volume ne trouve auprès des personnes pieuses auxquelles il s'adresse l'accueil qu'il mérite, et qu'il ne fasse le bien que vous vous êtes proposé.

Veuillez agréer, Mademoiselle, l'expression de mes sentiments très dévoués et bien respectueux.

† FR.-MARIE-ANATOLE, *Év. de Montpellier.*

Lettre de Sa Grandeur Monseigneur Gaume, Protonotaire apostolique.

Paris, le 1ᵉʳ mai 1879.

MADEMOISELLE,

La plupart des poëtes célèbrent les hommes et leurs belles actions. Vous vous êtes élevée plus haut. Dieu lui-même est l'objet de vos chants. Et en Dieu vous avez choisi, s'il est permis de le dire, tout ce qu'il y a de plus divin, son Cœur, source inépuisable de tous les biens de la nature et de la grâce.

Chanter le Cœur de Jésus, le faire connaître, le faire aimer, le consoler, l'implorer, est plus que jamais une nécessité pour le monde actuel. Aux blasphèmes de l'impiété, aux négations de Satan, à l'indifférence des demi-chrétiens, il faut opposer les adorations de l'amour, les affirmations de la foi, le zèle de l'apostolat.

Par la variété de la forme et la solidité de la pensée, vos chants traduisent dans une langue toujours correcte les ineffables tendresses du Cœur de Dieu et les soupirs du cœur de l'homme. Ce contraste est une source de vraie poésie, je veux dire de cette poésie qui est bien plus dans les choses que dans les mots.

En vous félicitant de la tâche que vous avez entreprise et de la manière dont vous l'avez accomplie, on ne peut que faire des vœux pour le succès de votre ouvrage.

† GAUME, *Prot. apost.*

PRÉFACE

Dieu créa l'homme à son image, l'enrichit de tous les dons de la grâce et le plaça dans un jardin de délices, le destinant à un bonheur éternel. Mais, à peine créé, l'homme ingrat devint l'ennemi de Dieu et sujet à toutes les rigueurs de sa justice. Dieu qui l'aimait résolut de le sauver et lui donna son Fils unique pour Rédempteur. Et Jésus-Christ s'exila volontairement du Ciel, naquit dans une pauvre étable, mena pendant trente-trois ans une vie pénible et laborieuse, souffrit les plus cruelles tortures, et mourut enfin, abandonné de tous, sur un gibet infâme.

Après avoir donné sa vie pour l'homme, il semblerait que Jésus-Christ n'eût plus rien à accomplir pour lui montrer la charité qui le consume et le presse. Mais son cœur ingénieux sut trouver un moyen de lui prouver sa tendresse infinie, et de perpétuer jusqu'à la consommation des siècles le sacrifice de sa vie et la passion de son amour. Et, après avoir répandu jusqu'à la dernière goutte de son sang, il institua le sacrement adorable où il se cache sous un peu de pain pour habiter avec l'homme, s'identifier avec lui et devenir sa propre nourriture. O miracle d'amour! Étonnante merveille! Que l'homme va-t-il faire en reconnaissance de tels prodiges! Ah! l'ingrat, rebelle à tant d'amour, il blasphème son Dieu, se moque de sa loi sainte, abandonne ses divins sacrements, blesse ce Cœur qui l'a tant aimé, et dans sa coupable folie, il ose lui dire : « Je ne vous connais point... » Dieu méprisé fera-t-il entendre les foudres du Sinaï ou engloutira-t-il le monde dans un nouveau déluge?

> Non, loin de s'irriter devant tant de forfaits,
> Il vaincra l'homme ingrat par de nouveaux bienfaits.

Et ne pouvant contenir les flammes de son ardente charité, de sa poitrine divine s'échappera son Cœur blessé, pour forcer le monde insensible à l'aimer enfin. Il fera entendre à une humble vierge française, retirée dans la solitude d'un monastère, les plaintes de son amour outragé et demandera réparation ; il révèlera les trésors dont il veut enrichir les âmes qui le consoleront de son abandon, et réclamera d'elles un culte particulier d'amour et de vénération.

C'est pour répondre aux vœux exprimés par Notre-Seigneur à sa fidèle servante que nous voudrions faire le poème de cette dévotion sainte, en essayant de répondre à chacun des désirs de son Cœur adorable par des hymnes d'amour, des chants de joie ou de tristes échos... La vie de la bienheureuse Marguerite-Marie nous aidera dans ce travail. Nous rapporterons les apparitions que Jésus-Christ daigna lui faire, et nous tâcherons de rattacher à chacune des révélations dont elles furent accompagnées un cantique qui l'explique, la complète ou qui réponde aux vœux qui y sont manifestés.

Nous nous substituerons à l'heureuse Vierge, qui faisait *sa demeure dans le Cœur de Jésus;* nous essayerons comme elle d'entendre la voix du bon Maître et de devenir les apôtres zélés de son divin Cœur ; car, notons bien que ce que Notre-Seigneur est venu révéler à sa fidèle servante doit s'appliquer à toute âme chrétienne, et que les richesses qui furent le partage de la bienheureuse Marguerite-Marie nous sont offertes et nous seront communiquées, si nous nous consacrons à l'amour de notre Dieu, en honorant par un culte spécial cette partie la plus divine de son humanité sacrée. Et d'ailleurs, n'est-ce pas à notre chère patrie que fut confié ce précieux trésor, et l'humble Vierge de la Visitation, prosternée aux pieds du Sauveur, ne représente-t-elle pas la France tout entière et chacun de nous en particulier, se rendant au Cœur de Jésus-Christ pour le contempler dans l'extase de l'amour ou lui demander pardon dans les larmes de la pénitence?

C'est nous, âmes chrétiennes, âmes françaises, que Notre-Seigneur a voulu favoriser dans la personne de la bienheureuse Marguerite-Marie, et c'est à nous d'établir et de répandre dans la mesure de nos forces le culte béni du Sacré-Cœur de Jésus. Nous essayerons donc de le faire aimer et de chanter le nouveau miracle de son amour, en invoquant les doux et tendres souvenirs de Paray-le-Monial !...

CANTIQUES DE MONTMARTRE

LE

SACRÉ-CŒUR

DE JÉSUS

INVOCATION

La charité du Christ partout semblait éteinte ;
L'air fétide du vice avait partout passé ;
L'autel était souillé, comme la maison sainte,
Et les fleurs se fanaient sous un souffle glacé.

C'est alors que Jésus, l'amour incomparable,
Oublié du chrétien, méprisé du pécheur,
Fut touché de nos maux, et la France coupable
Vit resplendir l'éclat des flammes de son cœur.

Pour chanter dignement cet excès de tendresse,
Ce miracle divin, qui confond et ravit,
Je me sens impuissante, et l'ardeur qui me presse
S'épuise en vains efforts ; ma voix tremble et faiblit.

Marie, inspire-moi, fais résonner ma lyre ;
Donne-lui le secret des célestes accords !
Mère du Sacré-Cœur, toi seule peux me dire
Ses charmes, ses vertus, ses généreux transports.

I. — SON CŒUR VEILLE.

1er *solo*.

Il dort, Jésus, dans le sein de son Père,
Sous les regards de la céleste Cour ;
Mais son Cœur veille, et bientôt sur la terre
Se répandra le feu de son amour.

CHŒUR :

Il dort au sein de la lumière,
Mais son doux cœur pour nous brûle d'amour ;
Il dort au divin sanctuaire,
Mais son Cœur veille et la nuit et le jour.

2e *solo*.

Il dort, Jésus, dans les bras de Marie,
Qui le caresse en le nommant son fils ;
Mais son Cœur veille... et pour nous il la prie
D'offrir à Dieu le Rédempteur promis.

3e *solo*.

Il dort, Jésus, dans l'humble et froide crèche
Qui le reçoit à son premier matin ;
Mais son Cœur veille... et sur la paille sèche
Tombent les pleurs de cet enfant divin.

4e *solo*.

Il dort, Jésus, dans sa pauvre demeure
Où le travail lui coûte des sueurs ;
Mais son Cœur veille... et s'immole à toute heure
Pour racheter les crimes des pécheurs.

5e *solo*.

Il dort, Jésus, dans la barque de Pierre
Qui va sombrer sans un suprême effort ;
Mais son Cœur veille... Une brise légère
Enfle la voile et la conduit au port.

6e *solo*.

Il dort, Jésus, sur la croix du Calvaire
Où son amour l'a contraint de mourir ;
Mais son Cœur veille... et l'arme meurtrière
En fait couler le sang qui doit guérir.

7e *solo*.

Il dort, Jésus, innocente victime,
Sous le linceul de son triste tombeau ;
Mais son Cœur veille... et dans le sombre abîme
A rayonné l'éclat d'un jour nouveau.

8e *solo*.

Il dort, Jésus, dans l'ombre et le silence :
Au tabernacle il se cache à nos yeux ;
Mais son Cœur veille... et sa douce présence
Donne à notre âme un avant-goût des cieux.

9e *solo*.

Il dort, Jésus, quand son peuple l'offense,
Maudit son nom et méprise sa loi ;
Mais son Cœur veille... Il va faire alliance
Avec les Francs, preux gardiens de la foi.

2. — L'AURORE.

1.

Le monde corrompu, dans son ivresse folle,
Ne sait plus respecter ta noble et sainte loi.
Du luxe et du plaisir, il s'est fait une idole :
Il a fui le devoir, il a perdu la foi.
    Révèle-nous le prix de la souffrance,
    Cœur de Jésus, victime de l'autel.
    Pour le chrétien, ta croix est l'espérance
    Du bonheur pur que l'on possède au ciel.

CHŒUR :

Oh ! lève-toi, doux astre que j'implore !
Cœur de Jésus, flambeau du saint amour ;
Que ta clarté nous annonce l'aurore
Qui réjouit au matin d'un beau jour !
Cœur de Jésus rayonne sur le monde ;
Que ton amour l'éclaire et le féconde !
    Soleil brillant de vérité,
    Embrase-nous de charité.

2.

Dans son orgueil jaloux, le prince des ténèbres
Cherche à semer partout ses perfides erreurs.
L'ombre se fait, hélas !..., et ses voiles funèbres
Vont couvrir les esprits et désoler les cœurs.
    Phare sacré, que ta pure lumière
    Dissipe enfin l'obscurité des nuits !
    Cœur de Jésus, apparais sur la terre
    Et tous les cœurs te resteront soumis.

3.

L'homme ne connaît plus qu'un honteux égoïsme,
Plus d'austères vertus, plus d'élans généreux.
Ils sont rares, les fruits d'un pieux héroïsme ;
Où sont-ils maintenant les chrétiens valeureux ?
    Cœur de Jésus, astre brillant de flammes,
    Viens fondre enfin la glace de nos cœurs ;
    Que ton amour allume dans nos âmes
    Et ton saint zèle et tes vives ardeurs !

4.

Les flots ont envahi la nacelle de Pierre,
Et l'enfer furieux veut la faire sombrer.
On livre à ton Eglise une terrible guerre ;
Sur ses débris, mon Dieu, devrons-nous donc pleurer ?
    Cœur de Jésus, apaise la tempête ;
    Commande aux vents, le calme renaîtra.
    A te louer, tout ton peuple s'apprête ;
    Par toi l'Eglise un jour triomphera.

3. — CHANT D'EXIL.

1.

L'ange déchu, dans sa noire colère,
    Comme un vautour,
Partout me suit et me livre une guerre
    De chaque jour.
Oh ! que ton cœur s'ouvre à ma voix plaintive,
    Céleste Ami,
J'y trouverai, colombe fugitive,
    Un sûr abri.

CHŒUR :
Dans mon exil, j'aperçois la patrie,
Le Ciel des cieux entr'ouvert pour mon cœur.
Sois mon repos, ma lumière et ma vie,
Cœur de Jésus, divin consolateur !
Ecoute, écoute, ô saint Cœur que je prie,
Mes vœux ardents et mes brûlants soupirs.
Cœur de Jésus, comble tous mes désirs.

2.

Toute clarté disparaît comme l'ombre
    Du jour qui fuit.
Sous un rideau mystérieux et sombre,
    Le ciel pâlit.
Cœur de Jésus, que ta pure lumière,
    Flambeau divin,
Brille à mes yeux, et de ses feux m'éclaire
    En mon chemin.

3.

Tout tombe, hélas ! tout se dissipe et passe
    Au gré des vents.
Toute beauté se ternit et s'efface,
    Jouet du temps.
Cœur de Jésus, ô splendeur éternelle,
    Seul tu ravis
L'âme aspirant à la gloire immortelle
    Du Paradis.

4.

Le monde en vain m'offre la coupe amère
    De ses plaisirs.
Je meurs de soif... rien ne peut satisfaire
    Tous mes désirs.
Cœur de Jésus, que ton amour m'enivre,
    A ton festin ;
On y reçoit le vin pur qui fait vivre :
    Ton sang divin.

5.

Dans l'abandon, je pleure sur la terre ;
    Je cherche en vain
Dans ce désert où languit ma misère,
    Un jour serein.
Cœur de Jésus, Cœur sacré que j'adore,
    Console-moi ;
Dans mes douleurs, le secours que j'implore,
    Jésus, c'est toi !

6.

O mon Jésus, donne-moi pour asile
    Ton sacré Cœur.
Mon âme aura, confiante et tranquille,
    Le vrai bonheur.
Que j'y repose, à mon heure dernière,
    D'un doux sommeil,
Afin d'avoir, au Palais de lumière,
    Joyeux réveil !

---

4. — LE CŒUR DE JÉSUS.

CHŒUR :

Le doux Cœur de Jésus, c'est mon trésor suprême ;
C'est le divin Cénacle où je fais mon séjour.
Il est toute ma joie, il est tout ce que j'aime,
Il est tout mon espoir, il est tout mon amour.

1er *solo.*

C'est la roche sacrée,
Qui fut ouverte un jour,
Où mon âme est entrée
Dans un transport d'amour.

2.

C'est l'aimant qui m'attire
Loin d'un monde trompeur ;
Sous son aimable empire,
J'ai trouvé le bonheur.

3.

C'est le livre sublime
Où j'apprends à souffrir,
Trop heureuse victime,
D'un Dieu qui fut martyr.

4.

C'est l'Arche d'alliance
Qui porte ma rançon ;
Le trône de clémence
Où j'obtiens mon pardon.

5.

C'est l'astre qui m'éclaire
De ses rayons de feu ;
L'ineffable lumière
Qui me conduit à Dieu.

6.

C'est la douce demeure
Où je fais mon séjour,
Où je goûte à toute heure
Le festin de l'amour.

7.

C'est la source de vie
Et d'immortalité,
Où mon âme est nourrie
De la Divinité.

5. — JE VEUX T'AIMER.

1.

Je veux t'aimer, Cœur de mon divin Maître ;
Je t'aimerai, j'observerai ta loi,
Il est si doux, Jésus, de te connaître,
Si glorieux de ne servir que toi !

CHŒUR :

Je veux t'aimer, Cœur rempli de tendresse,
Cœur de Jésus, foyer brûlant d'amour ;
Depuis longtemps ta charité me presse
De me donner tout à toi sans retour.

2

Je veux t'aimer, Cœur sacré de mon frère,
Qui, pour me rendre un immortel bonheur,
Quittas les Cieux, vins souffrir sur la terre,
Et sur la croix expiras de douleur.

3.

Je veux t'aimer, chaste époux de mon âme,
Cœur de Jésus, prisonnier sur l'autel,
Consumant là ton amoureuse flamme,
Pour me nourrir de la manne du Ciel.

4.

Je veux t'aimer, Cœur aimable et fidèle ;
Tu sais calmer les plus vives douleurs,
Tu compatis à ma peine cruelle ;
Cœur dévoué, tu fais sécher mes pleurs.

5.

Je veux t'aimer..., divin Cœur, je t'adore !
Je veux bannir de moi tout autre amour,
Pour m'envoler, à ma dernière aurore,
Heureux et libre, à ton royal séjour.

6. — SAINTS DÉSIRS.

1.

Je voudrais, ô Jésus, pour chanter tes louanges,
Avoir le luth vibrant du chœur des chérubins,
Emprunter les accents de la lyre des anges,
Et les hymnes pieux de leurs concerts divins.

CHŒUR :

O Jésus, ton amour me remplit d'un saint zèle ;
Pour ton cœur adoré, je veux vivre et mourir.
Désormais, je serai ton apôtre fidèle ;
Je veux te faire aimer et te faire chérir.

2.

Je voudrais m'envoler sur des ailes de flammes,
Pour dire au monde entier tes charmes, tes douceurs ;
Je voudrais embraser... ravir toutes les âmes
De tes feux dévorants, de tes vives ardeurs.

3.

Je voudrais, ô Jésus, m'immoler pour ta gloire ;
Pour défendre ton nom, sur un bûcher mourir,
Et, fière de tomber sur un champ de victoire,
Aller cueillir au Ciel les palmes d'un martyr.

4.

Je voudrais, ô Jésus, du couchant à l'aurore,
Voir de nombreux chrétiens se vouer à ton Cœur,
Et les pieux enfants du peuple qui t'adore
S'enrôler par milliers dans ta *garde d'honneur*.

5.

Je voudrais posséder tous les biens de la terre,
Ses perles, ses trésors, ses précieux brillants ;
J'offrirais à ton Cœur un riche sanctuaire,
Que je parerais d'or et de purs diamants.

6.

Je voudrais, ô Jésus, dans mon âme ravie,
Sentir les battements d'un brûlant séraphin,
Et, consumant pour toi chaque jour de ma vie,
M'élancer vers ton Cœur pour m'y perdre sans fin.

7.

Je ne puis rien, mon Dieu ; mais la Vierge Marie
T'offrira mes désirs comme un encens pieux,
Et dans le Ciel un jour, pour l'éternelle vie,
Ton Cœur sera le prix de chacun de mes vœux.

7. — L'OFFRANDE.

1.

Je te donne mon cœur avec ses vives flammes,
Avec ses vœux et ses soupirs (*bis*);
Donne-lui tes rayons, divin soleil des âmes,
Toi seul peux combler ses désirs (*bis*)

CHŒUR :

Donne-moi ton amour et reçois en échange
L'hommage de mon cœur.
Rends-le saint, rends-le pur comme celui d'un ange,
O mon Sauveur (*ter*).

2.

Je te donne mon cœur tout inondé de larmes,
Souffrant mille et mille douleurs :
Dissipe ses tourments, ses craintes, ses alarmes,
Enivre-le de tes douceurs.

3.

Je te donne mon cœur, par les mains de Marie,
Pour qu'il te soit mieux consacré,
Pour qu'il soit embrasé, jusqu'au soir de ma vie,
Du feu de ton amour sacré.

4.

Je te donne mon cœur, qui souvent chan   e,
Dans la pratique des   ertus ;
Donne-lui ton secours po r qu'il te soit fidèle
Et qu'il ne te résist plus.

5.

Je te donne mon cœur, brisé par la souffrance
Dans ses luttes de chaque jour :
Au milieu des périls, soit l'ancre d'espérance,
Qu'il triomphe par ton amour !

6.

Je te donne mon cœur... c'est pour la vie entière ;
Jésus, seul tu seras son roi.
Sans trêve ni repos qu'il travaille à te plaire
Et qu'il expire un jour pour toi !

8. — DISCIPLE DU SACRÉ-CŒUR.

1.

Mon bien-aimé ta voix m'appelle
Au doux service de ton Cœur ;
Comment pourrai-je être rebelle
A tes vœux, mon divin Sauveur ?

CHŒUR :

Cœur de Jésus, Cœur de mon roi,
Oh ! règne en maître sur mon âme,
Que je ne vive que pour toi (*bis*),
Que je n'aime qu'avec ta flamme (*bis*) !

2.

Je te donne ma vie entière ;
Je te jure de te servir ;
Je te suivrai sur le Calvaire ;
S'il le faut, j'y saurai mourir.

3.

Jésus, quelle faveur insigne,
D'être *disciple de ton Cœur !*
Mais, jamais je ne serai digne
De porter ce titre d'honneur.

4.

O mon doux Maître, je t'adore,
Je te donne tout mon amour,
Les chants de ma première aurore,
Les échos de mon dernier jour.

5.

Je veux travailler à te plaire
Dans la joie ou dans les douleurs ;
Jusqu'à la fin de ma carrière,
Je veux te conquérir des cœurs.

6.

Je te promets d'être fidèle
A tes désirs..., à mes serments,
Et je veux brûler d'un saint zèle
Jusqu'au dernier de mes instants.

7.

J'ai pour gage de ma constance
Ton cœur et ses divins attraits ;
Pour soutien de mon espérance
Les douceurs que tu me promets.

8.

Nous avons fait une alliance :
Je suis *disciple de ton Cœur;*
Ton Cœur sera ma récompense...
Ah ! quel ineffable bonheur !

9. — L'EXTASE.

1.

J'ai quitté la vallée
Des soupirs et des pleurs ;
Mon âme consolée
Ne sent plus de douleurs.
Sous les flots de l'extase,
De l'amour qui m'embrase,

J'ai vu le cœur de Dieu,
Sur un trône de feu.

Duo.

Ta tendresse m'enivre ;
Jésus, tu me ravis...
Dans ton cœur je crois vivre,
Je suis au Paradis (*bis*) !...

2.

Aux ombres de la terre,
Jésus a clos mes yeux,
Et j'ai vu la lumière
Qui resplendit aux Cieux.
De tes clartés divines,
C'est toi qui m'illumines,
O soleil adoré,
Cœur aimable et sacré.

3.

Loin des vains bruits du
J'ai fixé mon séjour, [monde,
Et j'entends couler l'onde
Du fleuve de l'amour ;
Et dans ma rêverie,
J'écoute l'harmonie
Des hymnes des élus
Au Cœur de mon Jésus.

4.

Mon âme s'est fermée
Aux souffles des hivers,
Et sa flamme embaumée
A franchi les déserts.
Délicieuse ivresse,
Prodige de tendresse,
En moi brûle d'ardeur
Et bat le Sacré-Cœur !

5.

Le bonheur est un rêve
Qui fuit aux feux du jour,
Le temps met une trêve
Aux transports de l'amour.
Mais mon âme immortelle,
Dans l'extase éternelle,
Contemplera sans fin,
Mon Dieu, ton Cœur divin.

6.

Oh ! laisse-moi te suivre
Pour régner avec toi ;
Je ne saurais plus vivre
Sans te voir, ô mon roi !
Dans la plaine éthérée,
Sur ta flamme dorée,
Laisse-moi m'envoler
Ou pour toi m'immoler !...

---

10. — LA COMPASSION.

1.

Captif du saint autel, prisonnier solitaire,
Jésus souffre en silence un martyre d'amour ;
Ses rayons sont voilés sous l'ombre du mystère,
Et sa voix nous appelle à chaque heure du jour.
Et les chrétiens, saisis d'un coupable délire,
Vont chercher loin de lui un faux et vain bonheur ;
Seule auprès de Jésus, la colombe soupire,
Seule la lampe d'or brûle devant son Cœur (*bis*).

CHŒUR :

Vous du moins qui l'aimez, nobles et saintes âmes,
Consolez de Jésus la profonde douleur ;
Priez pour des ingrats, soyez de douces flammes
Brûlantes de ferveur devant le Sacré-Cœur.

2.

Les brûlants séraphins, voilés en sa présence,
L'adorent en tremblant, aux palais éternels ;
Dans le temple sacré, trône de sa clémence,
Les anges étonnés sont jaloux des mortels...
Les malheureux pécheurs, dans leur triste folie,
Par d'insolents mépris viennent pour l'insulter :
Ils osent outrager l'humble et divine hostie
Où par amour pour nous Jésus veut habiter.

3.

Chaque jour, à l'autel, innocente victime,
Il s'immole pour nous, comme il fit autrefois.
Il renouvelle encor son martyre sublime,
Et son sang coule à flots du sommet de la Croix.
Et les hommes pervers, témoins de ce mystère,
Sont froids, indifférents pour leur Dieu Rédempteur.
Pour le Sauveur Jésus, leur bouche est sans prière,
Leur cœur est sans amour, leur âme sans ardeur.

4.

Jésus-Christ nous convie au festin du Cénacle
Pour nous donner son Cœur sous le voile du pain.
Il est là, chaque nuit, veillant au tabernacle,
Appelant de ses vœux le retour du matin.
Et ses enfants ingrats, loin des sources d'eaux vives,
En foule vont s'asseoir au banquet des mondains ;
Le festin de Jésus est triste et sans convives,
Son cœur est désolé de l'abandon des siens.

5.

Jésus se donne à tous à sa table royale,
Tout entier, sans réserve, il se livre sans fin ;
C'est le pain des élus, la manne virginale
Qui descend au désert sous un voile divin.
Et de nouveaux Judas, à ce banquet de l'ange,
Avec un cœur souillé vont le martyriser ;
Offrant au Roi des rois une maison de fange,
Ils donnent à Jésus un perfide baiser.

II. — LA FLAMME.

1.

Amour divin, illumine mon âme,
Rayon sacré, clarté des cieux,
Fais de mon être une immortelle flamme,
Qui ne brille que de ses feux !

Duo.

O dévorante flamme,
Du Cœur du souverain Roi
Consume-moi,
Et laisse mon âme
Monter vers toi...

2.

Amour divin, que par toi ma prière
Vers le Ciel prenne son essor,
Comme un parfum devant le sanctuaire
S'élève de l'encensoir d'or !

3.

Amour divin, que ton soleil m'éclaire
D'un jour immortel et serein ;
Que la clarté de ta vive lumière
Me conduise dans mon chemin !

4.

Amour divin, à mon âme viens dire
Les charmes du Cœur de Jésus ;
Viens animer mon humble et faible lyre
Pour que je chante ses vertus.

5.

Amour divin, donne-moi sans mesure
Les voluptés du Paradis ;
Apporte en moi ton ivresse si pure
Et ton ineffable souris.

6.

Amour divin, donne-moi ton délire
Et tes transports mystérieux ;
Emporte-moi jusqu'au céleste Empire :
Là, tu combleras tous mes vœux.

7.

Amour divin, donne-moi le martyre
Des disciples du Sacré-Cœur ;
Que pour lui plaire en m'immolant j'expire
D'amour, de joie et de bonheur !

8.

Amour divin, qu'il est beau ton cantique !
Il transporte jusques au Ciel ;
Ta voix ravit, et ta lyre mystique
Chante le bonheur éternel.

12. — LE FESTIN.

1.

Il s'est caché sous l'humble hostie,
Il a voilé sa majesté ;
Son paradis, il l'a quitté
Pour m'offrir dans l'Eucharistie
Un doux festin,
Son Cœur divin.

CHŒUR :

Anges des Cieux, en ce beau jour,
Chantez, chantez l'amour, l'amour.
Le Sacré-Cœur, qui dans mon âme,
A fait briller sa pure flamme,
Anges des Cieux, etc...
Gloire à Jésus, roi de mon âme,
Louange, honneur
Au Sacré-Cœur !

2.

Je le possède, je l'adore,
Jésus, mon bien-aimé Sauveur.
C'est dans la prison de mon cœur
Qu'en cet heureux instant j'implore
Le Cœur du roi
Qui vit en moi.

3.

De mon âme, il a fait son temple
Le Cœur sacré de mon Jésus;
En moi j'ai le Ciel des élus,
Je le sens, ma foi le contemple
        Dans ce séjour
        De son amour.

4.

Il est ma paix, il est ma vie,
Mon trésor, ma félicité,
Mon gage d'immortalité,
Un avant-goût de la patrie,
        L'espoir divin
        D'un jour sans fin.

5.

En moi, j'ai le feu, j'ai la flamme
Qui doit consumer tous les cœurs;
Jésus de ses vives ardeurs
Fait brûler et ravit mon cœur;
        Il m'est uni,
        Je suis à lui.

6.

Fuyez, vains plaisirs de la terre,
Je possède le Sacré-Cœur;
En lui je goûte le bonheur,
Je ne veux songer qu'à lui plaire.
        Moi le trahir?
        Plutôt mourir!...

13. — L'EUCHARISTIE.

CHŒUR :

Astre divin de lumière et de flamme,
Viens m'embraser de tes saintes ardeurs;
Cœur de Jésus, pour vivre dans mon âme,
Descends, descends des célestes splendeurs. } *bis.*

1.

Viens, mon Jésus, ardemment je t'implore,
Du tabernacle entends-tu mes soupirs ?
Dès le réveil de la naissante aurore,
Mon cœur languit consumé de désirs (*bis*).

2.

Viens, digne objet de toute ma tendresse,
Cœur de Jésus, ma joie et mes amours,
Que sur mon cœur doucement je te presse,
En te jurant de t'adorer toujours (*bis*).

3.

Viens, frère aimé, divin fils de Marie,
Orner mon cœur de ses nobles vertus ;
Viens m'embraser pour ta Mère chérie
De l'amour pur dont tu brûles, Jésus (*bis*).

4.

Viens, ô mon Dieu, mon adorable Père,
Me pardonner mes coupables erreurs ;
Ton Cœur divin guérira ma misère,
Ta douce voix fera sécher mes pleurs (*bis*).

5.

Viens, mon Jésus, éclairer de ta flamme
L'obscur sentier qui conduit vers les cieux ;
Viens effacer les taches de mon âme
Et m'abreuver de ton sang précieux (*bis*).

6.

Viens, mon époux, consacrer l'alliance
De ma pauvre âme et de ton Sacré-Cœur ;
Viens ranimer ma foi, mon espérance,
Et me donner le céleste bonheur (*bis*).

14. — HEUREUSE MORT.

1.

Lorsque mes yeux entreverront la tombe,
    O mon céleste roi,
Viens me donner des ailes de colombe
    Pour m'envoler vers toi ;
Viens me montrer l'aurore ravissante
    D'un jour pur et serein ;
Jésus, Jésus, à mon âme expirante,
    Montre ton Cœur divin (*ter*).

CHŒUR :

Fuyez, fuyez, alarmes, frayeurs vaines,
Je ne crains pas maintenant de mourir ;
Vienne la mort, elle rompra mes chaînes,
Le Sacré-Cœur viendra me secourir ;
Il sera mon salut, mon gage de victoire,
Mon ciel anticipé, ma couronne de gloire.
    Fuyez, fuyez, alarmes, frayeurs vaines,
    Je ne crains pas maintenant de mourir,
    Le Sacré-Cœur viendra me secourir.

2.

Viens soulager ma cruelle agonie,
    Devant l'éternité,
En me montrant la couronne de vie
    Et d'immortalité ;
Viens essuyer mes sueurs et mes larmes,
    O Dieu consolateur ;
Au dernier jour dissipe mes alarmes,
    Rends la paix à mon cœur.

3.

Viens me donner du pardon l'assurance,
    Puissant Médiateur,
Ton sang divin apaise la vengeance
    Qui punit le pécheur.
Ah ! dans ce jour où Dieu sera mon juge,
    Je craindrai sa rigueur ;
Mais, mon Jésus, pour cité de refuge,
    J'aurai ton Sacré-Cœur.

4.

Viens reposer sur mes lèvres mourantes,
    A mon dernier moment,
Pour ranimer mes forces expirantes
    Et mon amour tremblant.
Que le flambeau des saintes espérances
    S'allume devant moi,
Et que mon cœur, content de ses souffrances,
    Expire enfin pour toi !

15. — L'HEURE SAINTE.

1.

Vous êtes seul à l'heure du mystère
Dans le jardin témoin de vos douleurs ;
Où donc sont-ils les amis en prière
Que vous vouliez pour essuyer vos pleurs ?
Ah ! le sommeil a fermé leur paupière ;
Jésus, Jésus, ils vous ont oublié.
La sombre nuit enveloppe la terre,
Et nul, hélas ! avec vous n'a veillé !

CHŒUR :

    La cloche tinte,
    Prosternez-vous,
    C'est l'heure sainte,
    Peuple, à genoux (*bis*) !
Pour les pécheurs offrons notre prière,
Le Sacré-Cœur, victime volontaire,
    Agonise pour nous.

2.

Qu'elle est pénible à Dieu, votre agonie !
Qu'ils sont cruels vos immenses tourments !
Vous succombez... et votre auguste vie
Pour les humains s'échappe en flots sanglants !
Mais l'ange vient... vous prenez le calice
Qui des pécheurs doit payer la rançon :
Vous acceptez la croix du sacrifice...
Et l'Éternel signe notre pardon.

3.

Vous éprouvez... innocente victime,
Ennuis, dégoûts, désolantes rigueurs.
Votre âme, en proie à la honte du crime,
Se sent livrée à d'horribles frayeurs.
Le ciel pour vous a des voiles funèbres;
Dans l'abandon votre Cœur doit souffrir;
Et vos amis ont fui dans les ténèbres,
Quand ils ont su que vous alliez mourir.

4.

Vous buvez seul tout le fiel du calice,
Le cœur brisé, triste jusqu'à la mort;
Vous pâlissez devant l'affreux supplice,
Vous, d'Israël le Dieu puissant et fort.
Où donc sont-ils les heureux de la Cène,
De votre sang s'enivrant au festin?...
Ah! la frayeur loin de vous les enchaîne,
Jésus, Jésus, vous les cherchez en vain.

5.

Souffrirez-vous jusqu'à la fin du monde
Même supplice et même sort cruel?
Boirez-vous seul à cette coupe immonde
Que l'homme ingrat fait déborder de fiel?
Non! les élus de votre table sainte
Sauront veiller pour calmer vos douleurs;
Mêlant leurs voix à votre triste plainte,
Ils prîront Dieu de sauver les pécheurs.

---

16. — LA GRANDE RÉVÉLATION.

1.

Fils d'un père maudit, d'une mère coupable,
L'ange au glaive de feu t'avait fermé le ciel;
Au vallon des douleurs, exilé, misérable,
Tu n'osais plus lever ton front vers l'Éternel.
Et je t'ai tant aimé que j'ai dit à mon Père :
Je veux me dévouer au salut du pécheur;
Je choisis dès ce jour une Vierge pour Mère;
L'homme encor aura droit au céleste bonheur.

CHŒUR :

Tu nous as tant aimés, ô Maître incomparable ;
Pourrions-nous plus longtemps mépriser ton amour ;
Pourrions-nous résister à ton Cœur adorable,
Qui vient nous conjurer de l'aimer sans retour ?
Divin soleil de grâce, astre brillant du jour,
    Sois le roi de nos âmes !
    Tes radieuses flammes,
    De leurs attraits vainqueurs,
    Ont embrasé nos cœurs (*bis*).

2.

Esclave du péché, traînant de lourdes chaînes,
Tu gémissais, hélas ! dans ta captivité ;
L'espérance t'aidait à supporter tes peines,
Mais l'amour devait seul t'offrir la liberté.
Et je t'ai tant aimé que pour ta délivrance
J'ai voulu me soumettre à de pénibles lois ;
Pour briser tes liens, enchaînant ma puissance,
J'ai pris sur moi tes fers et le joug de la Croix.

3.

Méprisant du Seigneur la loi divine et sainte,
Tu n'osais soutenir son regard irrité ;
Fugitif et tremblant, une excessive crainte
Bannissait de ton cœur la douce charité.
Et je t'ai tant aimé que j'apparus au monde,
Pauvre petit enfant, sur un lit de douleurs ;
Pour guérir, ô mon fils, ta misère profonde,
Je t'ai dit : « Viens à moi, car je suis ton Sauveur ! »

4.

J'étais venu d'en haut dans ce vallon de larmes
Te montrer le chemin qui conduit au bonheur ;
Mais tu ne pouvais seul languir dans les alarmes,
Il fallait qu'un ami soulageât ta douleur.
Et je t'ai tant aimé qu'avant l'heure bénie,
Où je devais mourir pour t'assurer le Ciel,
Voulant rester toujours le soutien de ta vie,
Je t'ai laissé mon cœur sous le pain de l'autel.

5.

Je t'avais tout donné sur le mont du Calvaire
Avant de remonter à mon royal séjour,
Mes veilles, mes travaux, mon existence entière,
Mes souffrances, mon sang, mon sacrement d'amour...

Et je t'ai tant aimé qu'à cette heure suprême,
Voyant près de la Croix ma Mère tout en pleurs,
Je te léguai mes droits à son amour extrême,
Et tu devins son fils au prix de ses douleurs.

17. — JOIE D'EXIL.

1.

Tu vis captif dans une humble demeure,
    Roi des élus,
Pour me donner, sur la terre où je pleure,
    Ton cœur, Jésus.
Mon âme triste ici-bas exilée,
    Pensant au ciel,
Trouve la paix et se sent consolée
    Près de l'autel.

CHŒUR :

Il est à moi, dans son Eucharistie,
L'aimable Cœur de mon divin Jésus ;
Dans mon exil j'ai trouvé la patrie, ⎫
Et le bonheur qui ravit les élus. ⎭ *bis.*

2.

Lorsque je viens à l'heure solitaire
    Dans le saint lieu,
Ton Cœur voilé sous l'ombre du mystère,
    Toujours, mon Dieu,
Daigne s'ouvrir au cri de ma prière,
    A mes désirs,
Et tu réponds du fond du sanctuaire
    A mes soupirs.

3.

Lorsque ton Cœur vient, couronné d'épines,
    Avec sa Croix,
Me révéler les souffrances divines
    Dont tu fis choix,
Dans la douleur, je trouve mille charmes,
    Un vrai trésor,
Puisque ton sang vient transformer mes larmes
    En perles d'or.

4.

Cœur de Jésus, quand tu fais dans mon âme
  Brûler tes feux,
Lorsque je sens en moi ta sainte flamme,
  Je suis aux cieux.
Quel bonheur pur me donnent ta tendresse,
  Ton union !
Je ne suis plus alors dans la tristesse
  Et l'abandon.

5.

Je viens à toi, richesse inépuisable,
  Trésor divin,
O Cœur caché sous l'ombre impénétrable
  D'un peu de pain !
Ta charité fait droit à ma prière ;
  Tu m'enrichis
De tous les dons que le chrétien espère,
  De biens sans prix.

6.

Quand je te vois briller sous ton blanc voile
  Dans l'ostensoir,
Je ne dis plus : « Je marche sans étoile
  Sous un ciel noir. »
O Cœur sacré, j'ai ta pure lumière
  Pour m'éclairer ;
Je sens ton feu, ton feu qui régénère,
  Me pénétrer.

7.

Seigneur Jésus, c'est ton Eucharistie,
  Dans mon exil,
Qui me console et m'attache à la vie,
  Fragile fil.
L'homme ici-bas, nourri d'un pain de larmes,
  Près de ton Cœur,
Trouve la joie et goûte encor les charmes
  Du vrai bonheur.

18. — CHANT D'ALLÉGRESSE.

CHŒUR :

Nous célébrons la douce fête
De l'emblème de ton amour (*bis*).
Il luit enfin çet heureux jour
Où le peuple pieux répète
Ses plus beaux chants en ton honneur.
O Roi des cieux, ô divin Cœur,
Nous célébrons la douce fête
De l'emblème de ton amour (*bis*).

1.

Tu quittes le saint temple
Où tu fais ton séjour,
Où l'homme te contemple
Sous un voile d'amour,
Et la foule attendrie
Te suit dans ses transports
Par la cité bénie,
Qui reçoit tes trésors.

2.

Pour toi des mélodies
Forment de saints concerts ;
De douces symphonies
Résonnent dans les airs,
Et la brise qui passe
Emporte avec l'encens,
Vers ton trône de grâce,
Les échos de nos chants.

3.

Au lever de l'aurore,
Brille de mille feux
Ton trône qu'on décore
De joyaux précieux.
Tes enfants te préparent
Des couronnes de fleurs ;
Leurs demeures se parent
Des présents de leurs cœurs.

4.

Arcades de feuillage,
Frais et riants berceaux,
T'offrent sur ton passage
Un humble et doux repos ;
Et nos pieux cantiques,
Proclamant tes grandeurs,
Sous ces temples rustiques,
Attirent tes faveurs.

5.

On parsème de roses
Les tentes de fin lin ;
Toutes les fleurs écloses
Brillent sur ton chemin ;
On retrace l'emblème
De ton amour sacré ;
Partout on lit : « Je t'aime,
» O Sauveur adoré ! »

6.

Tu reçois les hommages
Des petits et des grands,
Les touchants témoignages
Des pauvres, des puissants,
Et ta grâce bénie
Coule à flots de ton Cœur
Sur la foule qui prie
A tes genoux, Seigneur.

19. — ENCORE, ENCORE !

1.

O mon Jésus, de grâce reste encore
    Là sur mon cœur ;
Si tu t'enfuis, tendre époux que j'adore,
    Plus de bonheur.
Toute ma joie est là sous ce symbole
    Où je te voi ;
Tout mon trésor, c'est ton Cœur qui s'immole
    Pour vivre en moi.

CHŒUR :

Cœur de Jésus ne prends pas ton essor
   Vers ton palais de lumière ;
   Dans mon âme, ton sanctuaire,
   Oh ! reste, reste encor (*bis*).

2.

Cœur de Jésus, ô splendeur éternelle,
    Gloire des Cieux,
Toi qui ravis de ta flamme immortelle
    Les bienheureux,
Laisse briller sur mon âme chétive
    Ton soleil d'or ;
Dans la prison qui la retient captive,
    Oh ! luis encor.

3.

Oh ! laisse-moi jouir de ta présence,
    Mon doux Jésus ;
Parle à mon cœur, qui t'adore en silence,
    De tes vertus.
A t'imiter je veux être fidèle...
    Sois avec moi ;
Encor, encor, que ta voix me rappelle
    Ta sainte loi !

4.

De ta blessure entr'ouverte et profonde
    En moi jaillit
Le sang sacré, l'eau divine et féconde
    Qui me guérit ;

Calme ma soif, ô toi qui me fais vivre,
    Sang précieux,
Encor, encor, permets que je m'enivre,
    Source des cieux !

5.

Pourquoi dois-tu me quitter aussi vite,
    Mon doux Sauveur ?
Prolonge en moi ta céleste visite
    Et mon bonheur.
Oh ! ne prends pas, Jésus, mon bien suprême,
    Si prompt essor ;
Laisse mon cœur te répéter qu'il t'aime
    Encor, encor !

20. — AMENDE HONORABLE.

1.

Pardon, mon Dieu, le front dans la poussière
Nous confessons nos crimes, nos erreurs ;
Vois nos regrets, notre douleur amère,
Cœur de Jésus, sois touché de nos pleurs.

CHŒUR :

Seigneur Jésus, c'est au nom de Marie
Qu'en ce moment nous implorons ton Cœur ;
Nous gémissons et ta Mère supplie,
Pardon, pardon, ô bien-aimé Sauveur.
Enfants chéris de la Vierge bénie,
Aidés de son perpétuel secours,
Nous le jurons, nous t'aimerons toujours ;
Aidés de son perpétuel secours,   } *bis.*
    Nous t'aimerons toujours.

2.

Dans le saint temple où tu voiles ta gloire,
Nous t'outrageons, souverain Roi des Cieux ;
Et malgré tout, restant dans le ciboire,
Ton Cœur blessé souffre silencieux.

3.

O tendre époux, caché sous l'humble hostie,
Notre froideur afflige ton amour ;
Ton cœur s'immole, et le nôtre t'oublie
Dans la prison où tu fais ton séjour.

4.

Ton Cœur sacré, dans son amour immense,
S'offre à nous tous pour aliment divin,
Et nous fuyons, glacés d'indifférence,
Seigneur Jésus, ton céleste festin.

5.

T'offrant à tous au banquet du Cénacle,
Au cœur souillé tu te laisses livrer ;
Et, profanant le pain du tabernacle,
L'homme pécheur se fait ton meurtrier.

6.

Nous confions à ta Mère chérie
Notre serment de te servir toujours ;
Nous t'aimerons, car la Vierge Marie
Nous donnera son maternel secours.

---

21. — L'IMAGE DU SACRÉ-CŒUR.

1.

Je te salue, image radieuse,
Resplendissant dans la sainte cité ;
Tes purs rayons, ta clarté lumineuse } *bis.*
Sont le flambeau de la divinité.

CHŒUR :

Je te salue (*bis*), image vénérée,
Cœur de Jésus (*bis*), foyer de charité,
Je veux brûler (*bis*) de ta flamme sacrée,
Ivre d'amour (*bis*) et d'immortalité.

2.

Je te salue, ô Cœur percé d'épines,
Victime auguste, adorable martyr;
En contemplant tes blessures divines,
Pourrai-je encor refuser de souffrir!

3.

Je te salue, emblème de clémence;
Tu rends l'espoir au pécheur repentant;
Ton sang divin coulant en abondance
Donne la grâce à l'humble pénitent.

4.

Je te salue, aimable et doux symbole,
Où resplendit le signe de la Croix;
Au saint autel mon Rédempteur s'immole
Dans le mystère où j'adore et je crois.

5.

Je te salue, admirable figure
Du Paradis entr'ouvert pour mon cœur,
Cœur de Jésus, ta cruelle blessure
Me donne entrée au séjour du bonheur.

6.

Je te salue, et je veux sans nuage,
Cœur de Jésus, te contempler au ciel;
Là tu seras mon glorieux partage;
Je t'aimerai d'un amour éternel.

22. — LES ÉCHOS.

CHŒUR :

Échos, chantez le Sacré-Cœur;
Chantez ce que disaient les anges (*bis*),
Un jour qu'ils répétaient en chœur
Cet hymne de louanges :
L'amour triomphe, l'amour jouit (*bis*),
L'amour du saint Cœur réjouit (*bis*).

1.

Pieux échos de cette terre,
Portez au doux Roi de l'amour
Les accents de notre prière,
Et nos soupirs de chaque jour ;
Chantez auprès du sanctuaire :
L'amour triomphe, l'amour jouit,
L'amour du saint Cœur réjouit.

2.

Dites que notre âme l'adore,
Que notre amour est immortel ;
Dites que notre cœur l'implore
Pour jouir avec lui du ciel,
Où les anges disent encore :
L'amour triomphe, l'amour jouit,
L'amour du saint Cœur réjouit.

3.

Échos, chantez, chantez sa gloire,
Ses charmes, ses mille douceurs,
Et son triomphe et sa victoire,
Et son empire sur nos cœurs,
Qui répètent près du ciboire :
L'amour triomphe, l'amour jouit.
L'amour du saint Cœur réjouit.

4.

Chantez sa divine clémence,
Son ineffable charité,
Sa force, sa toute-puissance
Et sa grandeur et sa beauté ;
Chantez sous le ciel de la France :
L'amour triomphe, l'amour jouit,
L'amour du saint Cœur réjouit.

5.

Échos de nos voûtes antiques,
Portez, portez jusques aux cieux
Au Sacré-Cœur de saints cantiques,
L'accent de nos hymnes pieux,
Ce chant des troupes angéliques :
L'amour triomphe, l'amour jouit,
L'amour du saint Cœur réjouit.

6.

Un jour dans les saintes phalanges
Des chérubins, des séraphins,
Les doux échos de nos louanges
S'uniront aux concerts divins.
Et nous dirons avec les anges :
L'amour triomphe, l'amour jouit,
L'amour du saint Cœur réjouit.

23. — CANTIQUE DES VIERGES.

1.

Cœur de Jésus, époux des vierges,
Tu m'as dit : « Viens à mon festin, »
Et chaque jour tu me submerges
Des ondes de ton sang divin.
En vain l'on cherche à me séduire
Par les appas d'un faux bonheur.
A toi, doux aimant qui m'attire,
J'ai voué pour jamais mon cœur.

CHŒUR :

Cœur de Jésus, roi de mon âme, ⎱ *bis.*
Tu m'as ravi tout mon amour : ⎰
Ta douce et dévorante flamme
Me brûle et la nuit et le jour.

2.

Jésus, mon âme est ta conquête,
Commande en maître, ô doux vainqueur !
Ta victoire sera complète
Sur les puissances de mon cœur.
J'ai consacré ma vie entière
A te louer, à te servir.
Ah ! que ne puis-je pour te plaire
Avoir la gloire de mourir !

3.

Au monde pervers et frivole
J'ai dit un éternel adieu :
C'est vers toi que mon cœur s'envole,
Porté sur des ailes de feu.
C'est ta tendresse qui m'enivre,
Qui m'embrase, qui me ravit ;
Jésus, je ne me sens plus vivre,
Mais je sens qu'en moi ton cœur vit.

4.

J'ai compris la douce parole
Que dicta le Verbe de Dieu ;
J'ai le front ceint de l'auréole,
Comme les anges du saint lieu,
Et dans la cité magnifique,
Où gouverne le Roi des rois,
Aux chants du virginal cantique,
Un jour je mêlerai ma voix.

5.

Fuyez, richesses de la terre,
Plaisirs d'un jour, brillants honneurs ;
Seul, Jésus peut me satisfaire.
Je trouve en lui mille douceurs ;
Je suis reine sous son empire ;
Je goûte un céleste bonheur ;
Je ressens... mais, je ne puis dire,
Les charmes de son divin Cœur.

6.

Cœur sacré, qu'à genoux j'adore,
Quand te verrai-je dans les Cieux ?
Ah ! qu'il me tarde que l'aurore
De ce beau jour brille à mes yeux !
N'es-tu pas mon trésor suprême,
Mon Dieu, mon époux et mon roi ?
Laisse donc mon âme qui t'aime
Dans ses transports monter vers toi.

24. — LE VAINQUEUR.

1.

Mon âme éprise de tes charmes
Cède à tes ravissants attraits.
Divin Cœur, je te rends les armes,
Et je suis à toi pour jamais.

CHŒUR :

Ah ! trop longtemps je fus rebelle
A la voix tendre qui m'appelle.
Jésus, je me rends à ton cœur ;
Enfin ton amour est vainqueur (*bis*).

2.

Règne, aimable roi de la grâce,
Règne en moi, glorieux vainqueur ;
Tes rayons ont fondu la glace
Qui te fermait mon pauvre cœur.

3.

Ton amour m'embrase et m'enivre,
Je ne saurais plus être à moi ;
Au vainqueur, le vaincu se livre,
Mon bien-aimé, je suis à toi.

4.

Trop longtemps de ma résistance,
Ton Cœur a souffert, ô Jésus ;
Mais tu me vaincs par ta puissance,
Par les charmes de tes vertus.

5.

On est libre sous ton empire
Et l'on vit en paix sous ta loi.
Pourquoi, dans mon fatal délire,
Jésus, ai-je fui loin de toi ?

6.

Tu brilles, astre tutélaire ;
Tu me promets des jours heureux ;
N'es-tu pas le char de lumière,
Qui doit m'emporter dans les cieux ?

25. — HYMNE DE LOUANGES.

CHŒUR :

Je veux chanter la gloire,
Célébrer la victoire
Du doux Cœur de Jésus.
Au palais des élus,
Porte, Vierge Marie,
De mon hymne joyeux,
La pieuse harmonie.
Offre, Mère chérie,
Mes chants mélodieux
Au Cœur du Roi des cieux.

1er solo.

C'est le Dieu qui se cache
Au fond d'un vase d'or,
Sous la manne sans tache
C'est le divin trésor.

2e solo.

C'est le fruit sans souillure
Du sein mystérieux
D'une Vierge très pure :
De la Reine des cieux.

Duo.

C'est l'auguste cénacle
De la divinité,
Où retentit l'oracle
Du Dieu de vérité.

1er solo.

C'est la source féconde
Du fleuve impétueux,
Qui verse sur le monde
Ses biens mystérieux.

2e solo.

C'est le trésor des Vierges
Dont sans cesse les cœurs
Brûlent comme des cierges
Au feu de ses ardeurs.

Duo.

C'est la retraite aimée
Où fleurissent les lis,
Où la rose embaumée
Croît pour le Paradis.

1er solo.

C'est l'amour qui s'immole
Pour sauver les pécheurs,
C'est celui qui console
De toutes les douleurs.

2e solo.

C'est le vase mystique
Plein d'un céleste vin,
Où l'âme séraphique
Boit un nectar divin.

Duo.

C'est la cité fermée
Où la virginité,
Fleur tendre et parfumée,
Attend l'éternité.

1er solo.

C'est l'ancre d'espérance,
Du chrétien voyageur,
L'arche de délivrance
Qui conduit au bonheur.

2e solo.

C'est l'abri, le refuge
Du pécheur repentant,
Car le souverain Juge
A sa voix est clément.

Duo.

C'est l'insondable abîme
De douleur et d'amour ;
Il est prêtre et victime
A chaque heure du jour.

<table>
<tr><td align="center">1er solo.</td><td align="center">2e solo.</td></tr>
</table>

C'est le précieux gage	C'est tout ce qu'on adore
D'un bonheur immortel,	Dans l'élan de la foi,
Le glorieux partage	Du couchant à l'aurore
Des élus dans le ciel.	On le proclame roi.

Duo.

C'est l'éternelle gloire
De la sainte Sion,
Qui chante sa victoire
Et révère son nom.

26. — GLORIEUX PRIVILÈGE.

1.

Je suis enfin ton apôtre fidèle,
Et je me voue à ton culte sacré.
Je sens en moi les ardeurs d'un saint zèle,
Pour rendre gloire à ton Cœur adoré.

CHŒUR :

Tu promets de garder éternelle mémoire
Des zélateurs ardents, apôtres de ta gloire.
O Jésus, que mon nom soit écrit dans ton Cœur,
Et j'aurai pour toujours la paix et le bonheur.
O Jésus, que mon nom soit écrit dans ton Cœur,
Tu l'as promis, Seigneur (*bis*).

2.

Quand chaque mois revient l'heure bénie
Où tu nous veux à ton banquet divin,
Au cœur pieux je dirai : « Communie,
» Viens t'enivrer au céleste festin. »

3.

J'entends, Jésus, ta douce et triste plainte,
Dans l'abandon agonise ton Cœur ;
Je convîrai les tiens à l'heure sainte
Pour partager ta profonde douleur.

4.

Dans les combats tu veux voir ton image,
Saint bouclier, protéger tes enfants ;
J'attacherai sur les cœurs ce doux gage ;
Il les rendra généreux et vaillants.

5.

J'inviterai tous les chrétiens fidèles
A s'enrôler dans ta garde d'honneur,
Pour consoler de ses douleurs cruelles
Ton Cœur sacré méprisé du pécheur.

6.

Je chanterai jusqu'à ma dernière heure,
Cœur de mon Dieu, tes charmes, tes vertus.
Qu'en t'adorant, qu'en te louant je meure,
Que ton nom soit mon dernier mot, *Jésus !*

27. — LE SOUVENIR.

1.

Te souviens-tu, noble enfant de la France,
De mes bienfaits, de mon immense amour ?
Je t'ai comblé des dons de ma clémence,
Pour toi mon Cœur s'immole nuit et jour.
Je t'ai donné ma Mère pour patronne ;
Elle veilla sur toi dès le berceau,
Et de la foi, qui sous ton ciel rayonne,
Ne suis-je pas le lumineux flambeau ?

CHŒUR :

Ah ! pourrions-nous oublier tes bienfaits,
Cœur de Jésus, ô cœur incomparable,
Non, non jamais, non, non jamais,
Cœur de Jésus, ô Sauveur adorable !...
Nous garderons toujours ton souvenir,
Nous garderons ton souvenir
Jusqu'à notre dernier soupir...

2.

Te souviens-tu que le sol de la France
Vit resplendir les flammes de mon Cœur ?
En lui donnant du pardon l'assurance,
Je lui jurai d'être son protecteur ;
Je resterai fidèle à ma promesse,
Je défendrai ses places, ses remparts ;
Mais je veux voir de ma vive tendresse
Le saint emblème orner ses étendards.

3.

Te souviens-tu que Marseille en détresse
Reçut de moi le baume à sa douleur ?
Je fis cesser son deuil et sa tristesse
Quand ses enfants me vouèrent leur cœur.
Je puis guérir la France torturée
Par tant de maux qui menacent ses jours ;
Mais qu'à mon cœur elle soit consacrée,
Que les Français soient à moi pour toujours !

4.

Te souviens-tu de la sainte alliance
Que je signai jadis en ta faveur ?
Je te promis la force et la puissance
Et pour jamais la paix et le bonheur.
Mais dans un temple élevé pour ma gloire,
Je veux m'entendre acclamer pour ton Roi ;
Je veux sceller au jour de ma victoire
Ton vœu sacré, ton serment d'être à moi.

5.

Te souviens-tu qu'une vierge de France
Reçut pour toi les secrets de mon cœur ?
Je lui montrai dans ma munificence
Tous les trésors d'un Dieu médiateur.
Ah ! garde-toi d'oublier ma tendresse ;
De tant d'amour chante le souvenir,
Et sois fidèle à mon cœur qui te presse
De l'adorer jusqu'au dernier soupir.

28. — GRACE! GRACE!...

1.

Grâce, mon Dieu, la France pénitente
De ton doux Cœur implore son pardon ;
N'entends-tu pas, plaintive et suppliante,
Sa voix vibrer sous les murs de Sion (*bis*)?

CHŒUR :

Grâce, puissant Médiateur ;
Grâce, grâce, ô doux Sauveur.
Cœur de Jésus, notre unique espérance,
Sauve l'Eglise et notre pauvre France.

2.

N'as-tu pas vu les fils de la patrie
Te rendre un jour un solennel honneur,
Devant l'autel où la Vierge ravie
Reçut pour nous les secrets de ton Cœur?

3.

Ton étendard, au fort de la bataille,
Fut arboré par nos braves soldats ;
Nous le gardons, percé par la mitraille,
Dans le lieu saint, pour de nouveaux combats.

4.

Grâce, mon Dieu, l'élite de la France
A tes autels vole et tombe à genoux,
Pour invoquer ta divine clémence,
Pour te prier de pardonner à tous.

5.

Ah ! souviens-toi que tu vins à la France
Manifester les désirs de ton Cœur ;
Tu fis briller, en signe d'espérance,
De tes rayons, l'éclatante splendeur.

6.

Tu lui promis la paix et la victoire,
O Saint des Saints, divin Médiateur ;
Tu lui juras de lui donner la gloire
Et d'être un jour son puissant protecteur.

7.

Sur le sommet de la montagne sainte
S'élève enfin l'édifice sacré,
Où de ton Cœur on gravera l'empreinte ;
Il te sera pour toujours consacré.

8.

Oublîrais-tu cette auguste alliance
De la patrie et de ton Sacré-Cœur ?
Renîrais-tu cet acte de clémence,
Quand les Français répètent tous en chœur :

A Monsieur le général de Charette

Aux Volontaires de l'Ouest

29. — LA BANNIÈRE.

CHŒUR :

Marchons, marchons sous sa noble bannière,
C'est l'étendard du Dieu médiateur ;
Vive le Christ ! En lui notre âme espère,
Nous combattrons au nom du Sacré-Cœur.

1.

Ton Cœur est peint sur ta sainte bannière,
Il défendra nos places, nos remparts ;
Si nous tombons sous l'arme meurtrière,
Il ralliîra nos bataillons épars.

2.

Nous marcherons sur tes traces divines,
De ton drapeau notre amour a fait choix ;
O Cœur sacré, que percent les épines,
Nous souffrirons à l'ombre de ta Croix.

3.

Dans nos combats ta radieuse image,
Resplendissant toujours devant nos yeux,
Nous donnera force, vertu, courage,
Pour repousser l'ennemi furieux.

4.

Nous arborons, percé par la mitraille,
Ton étendard, *teint d'un sang généreux;*
Qu'il nous protège au feu de la bataille,
Et que par lui nous soyons glorieux !

5.

Combats pour nous, *puissant Dieu des armées,*
Tu nous promis victoire par ton Cœur;
Par ton amour nos âmes ranimées
Attendent tout de ton secours, Seigneur !

6.

En lettres d'or, sur ta sainte bannière,
Ils sont gravés, ces mots : *Vaincre ou mourir,*
Et méprisant les dangers de la guerre,
Ou nous vaincrons ou nous saurons périr.

7.

Quand sonnera pour nous l'heure dernière,
Vaillants soldats, dévoués à ton Cœur,
Nous entrerons, rangés sous ta bannière,
Dans le séjour de paix et de bonheur.

30. — LE TEMPLE DU SACRÉ-CŒUR.

1.

Il est bâti, ce sanctuaire,
Où règne notre protecteur,
Où l'encens pur de la prière
S'élève vers le Sacré-Cœur.
Pauvres et riches de la terre
Viendront ici pour l'adorer,
Sous les rayons de sa lumière
Les cœurs vont se régénérer.

CHŒUR :

Dans les airs, des voix angéliques
Chantent de suaves cantiques.
Les séraphins, brûlants d'ardeur,
Sont descendus dans ce saint temple
Pour adorer le Sacré-Cœur
Que le Ciel aujourd'hui contemple,
Pour adorer le Sacré-Cœur
Sur la montagne où tous les Francs
Ont juré d'être ses enfants (*bis*).

2.

Du Liban les cèdres antiques
Sont tombés à la voix du Ciel,
Pour orner les sacrés portiques
De ce monument immortel.
La foi réveilla le génie
Des architectes d'autrefois ;
L'amour et l'art en harmonie
Ont fait un temple au Roi des rois.

3.

Enfin resplendit cet emblème
Du tendre amour de notre Dieu ;
Ce Cœur adoré qui nous aime
Rayonne au sommet du saint lieu.
Partout des lointaines contrées
Lui sont arrivés des présents ;
Ravis par ses flammes sacrées,
A genoux tombent les puissants.

4.

Ce temple est le *Vœu* de la France,
Qui se repent de ses erreurs ;
C'est un acte de pénitence
Au jour des suprêmes douleurs ;
C'est une autre arche de refuge
Qui nous sauvera du danger
Si les eaux d'un nouveau déluge
Menacent de nous submerger.

5.

Il est élevé pour ta gloire,
Jésus, sur le *Mont des Martyrs*,
Ce monument de ta victoire,
Ce temple, objet de tes désirs ;
On y vénère ton image,
On y célèbre tes grandeurs,
On y chantera d'âge en âge
Ton règne éternel dans les cœurs.

6.

Nouveau signe de l'alliance
Entre le monde et le Sauveur,
Entre le Ciel et notre France,
Basilique du Sacré-Cœur,
Comme une autre arche de Moïse,
Qu'Israël couvrit de son or,
Tu gardes la manne promise,
Tu renfermes le vrai trésor.

7.

Dieu dit à la France en détresse :
« Bâtis un temple pour mon Cœur,
» Et je te donne la promesse
» De te rendre le vrai bonheur. »
Aujourd'hui, loin de la tempête,
Auprès du *monument sauveur*,
La France, en parure de fête,
Rend grâce à son Libérateur.

31. — LA CONSÉCRATION.

CHŒUR :

L'heure est venue où la pieuse France
Vient librement se consacrer à toi ;
Cœur de Jésus, scelle notre alliance,
Toujours, toujours tu seras notre roi.
Divin Cœur (*bis*), tu règnes sur la France,
Pour jamais (*bis*), les Français sont à toi ;
Divin Cœur (*bis*), scelle notre alliance,
Pour jamais (*bis*), tu seras notre roi ;
    Les Français sont à toi.

1.

Cœur de Jésus, le peuple qui t'adore,
Jure à tes pieds de t'aimer sans retour ;
Que les échos de la voûte sonore
Portent vers toi notre serment d'amour.

2.

Dans le saint temple élevé pour ta gloire,
La France enfin te proclame son roi ;
De tes désirs, elle a gardé mémoire,
Reçois, mon Dieu, son serment d'être à toi.

3.

Nous renouons une antique alliance
Près de l'autel du monument sauveur ;
Ils sont à toi, les enfants de la France ;
Ils sont à nous, les trésors de ton Cœur.

4.

Nous te donnons notre sang, notre vie ;
Dans notre cœur, nous graverons ton nom ;
Ils sont à toi, les fils de la patrie ;
Ils défendront l'honneur de ton blason.

5.

Le peuple Franc promet d'être fidèle ;
Il restera preux gardien de la foi.
Ah ! ne crains plus qu'oublieux et rebelle,
Il ose encor fouler aux pieds ta loi.

6.

Tu nous promis, au jour de ta victoire,
D'être pour nous un puissant protecteur ;
Donne à la France un long règne de gloire,
Assure-nous la paix et le bonheur.

7.

Scelle, mon Dieu, cette auguste alliance
De la patrie et de ton Sacré-Cœur ;
Règne à jamais sur notre belle France,
O Roi d'amour, pacifique vainqueur !

32. — TE DEUM.

CHŒUR :

Pour célébrer, Seigneur,
Le règne de ton Cœur,
Au cantique des anges,
Unissant nos louanges,
Répétons tous en chœur :
Amour, triomphe, honneur,
Reconnaissance et gloire
Au Roi de la victoire ;
Amour au Sacré-Cœur,
Amour, amour au Sacré-Cœur.

1er *solo.*

L'Église triomphante
Entonne *Alleluia,*
Et Jérusalem chante
L'éternel *Hosanna ;*
La troupe des archanges,
Le chœur des séraphins
Célèbrent tes louanges
Dans leurs concerts divins.

2.

La Vierge qu'on publie
Mère de l'Éternel
Fait entendre ravie
Son cantique immortel :
« Mon âme glorifie
Son souverain Seigneur, »
Et ce chant de Marie
Charme ton Sacré-Cœur.

3.

L'univers te vénère,
Vaincu par ton amour ;
Les peuples de la terre
T'adorent tour à tour ;
Partout l'écho résonne
D'hymnes en ton honneur ;
Sous tous les cieux rayonne
Le soleil de ton Cœur.

4.

La France tout entière
T'a choisi pour son roi ;
Ses enfants en prière
Ont affirmé leur foi ;
Tu fus notre espérance
Au jour de la douleur ;
Dans ta munificence,
Tu nous rends le bonheur.

5.

Tu ravis le poète ;
Cédant à ses transports,
Il chante ta conquête
Par de puissants accords ;
Les anges en délire
Semblent, du haut des cieux,
Inspirer à sa lyre
Des chants mélodieux.

6.

Les vierges radieuses,
Epouses de ton Cœur,
Près de l'autel, joyeuses,
Viennent te rendre honneur,
Et leur voix angélique
Dit un hymne d'amour :
Le céleste cantique
Des reines de ta Cour.

7.

Tu règnes sur un trône
D'or et de diamants.
Quelle riche couronne
Te donnent tes enfants !
Qu'il est grand ton empire,
Pacifique vainqueur !
O Jésus ! quelle lyre
Pourra chanter ton Cœur !

TABLE DES MATIÈRES

Typ. Oberthür et fils. à Rennes. (1641-80)